AF595239

CATALOGUE
DE TABLEAUX,

PASTELS, GOUACHES, AQUARELLES;

Deſſins d'Architecture & autres, ſous verre & en feuilles; Eſtampes ſous verre & en feuilles; Volumes d'Architecture, & autres; Terres cuites, Marbres, Bronzes, petits Modeles de Monumens, & Objets de curioſité;

Qui compoſent le Cabinet de feu M. SOUFFLOT, *Architecte ordinaire du Roi, Chevalier de l'Ordre de Saint Michel, & Intendant Général des Bâtimens de Sa Majeſté.* 21 9bre 1780

Par J. B. P. LE BRUN.

Les Papiers publics & les Affiches particulieres annonceront le lieu choiſi pour l'expoſition, & les jours aſſignés pour la Vente.

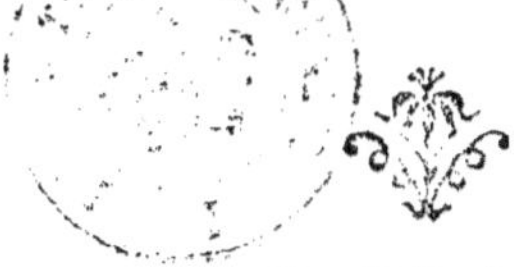

Se diſtribue,

A PARIS,

Chez LE BRUN, Peintre, rue de Cléry, Hôtel de Lubert.

M. DCC. LXXX.

AVIS.

LES lettres C. B. T. indiquent les Tableaux peints ſur cuivre, ſur bois, & ſur toile.

AVERTISSEMENT.

LE Cabinet que nous décrivons dans ce Catalogue, doit également intéresser l'Amateur & l'Artiſte. L'un & l'autre y trouveront des Tableaux précieux & des Ouvrages de goût. Vanter cette Collection, c'eſt faire l'éloge de l'Artiſte qui en étoit poſſeſſeur ; mais nous laiſſons aux Curieux le plaiſir de décider ſur le mérite & la valeur des différens objets que nous leur offrons, & nous nous réſervons la conſolation de payer un tribut à la mémoire de M. SOUFFLOT.

Cet homme célebre naquit en 1714 à Irancy près d'Auxerre, de famille diſtinguée dans la Province, où elle poſſéda toujours les charges municipales.

Jacques-Germain SOUFFLOT, son pere, étoit Avocat en Parlement. Il vint à Paris faire ses études, & partit ensuite pour l'Italie, entraîné par un goût naturel & dominant pour l'architecture. Il ne tarda pas à s'y distinguer par ses talens & sa conduite, & il eut la glorieuse satisfaction de voir l'estime & la considération voler au-devant de lui. Il dut être flatté surtout de la protection de M. le Duc de Saint Aignan (1), qui le fit admettre au nombre des Pensionnaires entretenus par le Roi. M. SOUFFLOT ne crut pouvoir mieux y répondre qu'en redoublant d'efforts pour hâter la rapidité de

(1) Ce Seigneur étoit alors Ambassadeur de la Cour de France auprès du Saint-Siège. On peut voir à cet effet l'Avant-propos du Catalogue de sa Vente que nous avons faite en Juin 1776.

ſes progrès dans l'Art pour lequel la Nature l'avoit formé.

Il ne tarda pas à trouver une occaſion d'exercer ſes talens. On le mande à Lyon, où devancé par le bruit de ſa réputation naiſſante, il arrive & conſtruit l'Hôtel-Dieu : d'autres édifices de cette Ville, parmi leſquels on diſtingue la Bourſe, le Théâtre, & la Salle de Concert, ont été par la ſuite comme autant de baſes ſur leſquels on auroit pu élever un Monument à ſa gloire.

Dans cet intervalle, M. SOUFFLOT vient à Paris, où M. le Marquis de Menars nommé pour ſuccéder à M. Detournehem, ſon oncle, dans la place de Directeur-général des Bâtimens du Roi, le choiſit pour l'accompagner dans ſon voyage en Italie ; mais les travaux de cet Artiſte & ſa foible ſanté l'obligent de quitter ce pays qu'il abandonne après ſa réception à l'Académie des Arts de Rome : alors M. de Menars, élevé preſque auſſitôt à la place qui lui étoit deſtinée, le nomme Contrôleur de Marly & ſucceſſivement Contrôleur de Paris.

Mais il ſembloit que la gloire ſe fût réſervé le droit de fournir à M. SOUFFLOT des occaſions d'exercer ſes talens, & ſe fût impoſé l'obligation d'étendre ſes ſuccès & ſa réputation. Dans ce tems même on le charge de la conſtruction de la nouvelle Egliſe de Sainte Geneviève, monument à jamais durable où il a déployé tous les dons de la Nature perfectionnés & agrandis par l'étude, & où il a montré l'Architecte habile.

Les bornes d'un court extrait ne nous

permettent pas de discuter toutes les critiques que la malignité a opposées aux louanges que cet immense édifice a méritées à M. SOUFFLOT; nous nous permettrons seulement de dire qu'il étoit cruel pour l'Admirateur impartial de voir un homme du premier ordre disputer à l'envie le laurier qui se courboit pour couronner son front.

Quoi qu'il en soit, l'année suivante il fut décoré du Cordon de Saint Michel & admis à l'Académie Royale d'Architecture. En 1776, les charges de Contrôleurs-généraux & particuliers ayant été supprimés, il fut nommé par commission Intendant-général des bâtimens du Roi. Il jouissoit des honneurs attachés à ce titre & de la considération due à un nom ennobli par le mérite, lorsqu'il mourut estimé des Artiſtes qui apprécioient ſes talens, & chéri de ceux que rapprochoit de lui une liaiſon juſtifiée par ſes vertus & par les qualités de ſon cœur.

CATALOGUE
DE TABLEAUX,

PASTELS, Gouaches, Aquarelles, Deſſins d'Architecture & autres, ſous verre & en feuille; Eſtampes ſous verre & en feuilles; Volumes d'Architecture, & autres; Terres cuites, Marbres, Bronzes, petits modeles de Monumens, &c.

TABLEAUX.

ÉCOLE D'ITALIE.

JEAN-PAUL PANNINI.

N°. 1 DEUX Tableaux faiſant pendants. Ils repréſentent des Monumens d'Architecture, imaginés par l'Artiſte : dans l'un on remarque des Tombeaux, des Pyramides, des Statues, & un grand nombre de figures heureuſement groupées. Dans l'autre, on diſtingue une fontaine au bas de quelques colonnes, & ſur le ſecond plan, différens perſonnages, les uns aſſis, les autres debout, accordant leurs inſtrumens pour former un concert : quelques autres figures embelliſſent encore les autres plans.

On retrouve dans ces Tableaux tout le génie & tout le talent de cet habile Artiſte. Les figures ſont dignes des plus grands Maîtres, & tiennent de la manière de Sébaſtien Ricci. Leur forme eſt agréable, & ils ſont purement conſervés.

Hauteur 72 pouces, largeur 27 pouces.
T.

PAR LE MÊME.

2 Deux Tableaux faiſant pendans.

L'un repréſente les Ruines d'un Arc de triomphe ornées de dix figures placées ſur différens plans ; on y remarque auſſi un tombeau & différens autres monumens.

L'autre offre des Ruines d'Architecture parmi leſquelles on remarque douze figures diſtribuées par groupes. On voit dans ceux-ci la dernière manière de Pannini. Leur couleur locale offre un ton plus argentin ; la touche en eſt ſpirituelle & facile. Hauteur 15 pouces. Largeur 11 pouces. T.

PAR LE MÊME.

3 Deux Tableaux faiſant pendans.

L'un repréſente l'intérieur du Campo Vaccino, & l'autre l'extérieur de cette Place ornée de tous ſes monumens & d'un grand nombre de figures placées ſur différens plans. Ces derniers offrent la même maniere que les précédens, & à ce mérite ſe joint celui de montrer un portrait fidele d'une partie des plus beaux monumeus de l'Italie. Il eſt rare de trouver dans la même Collection ſix Tableaux d'un Maître dont les compoſitions & la manière ſont ſi bien variées. Hauteur 21 pouces. Largeur 36 pouces. T.

PHILIPPE NAPOLITAIN.

4 Deux Chocs de Cavalerie peints au premier coup. Ces deux Tableaux ſont faits avec tout l'eſprit & toute la facilité que cet Artiſte a mis dans ſes meilleures productions. Hauteur 9 pouces 6 lignes. Larg. 10 pouces. T.

ECOLE DES PAYS-BAS.

DAVID TESNIERS.

5 L'intérieur d'une Chambre de Paysans, orné de 8 figures : on y voit deux hommes jouant au trictrac sur une table couverte d'un tapis verd ; deux autres personnages appuyés sur la table, les regardent jouer : dans le fond, & sur la droite, sont trois hommes près d'une cheminée, l'un d'eux tient sa pipe : la gauche offre un homme vu par le dos, & au-dessus de lui une croisée.

Une couleur vigoureuse, un dessin correct, une touche franche & légere doivent mettre ce Tableau au rang des premières compositions de David Teniers, & lui concilier le suffrage de tous les Amateurs.

Hauteur 14 pouces, largeur 21 pouces. B.

PAR LE MÊME.

6 L'intérieur d'une Chambre de Paysans.

A droite du Tableau l'on voit un homme assis sur un banc tenant de la main droite un pot & de la gauche sa pipe ; un second personnage qui la fume, & un troisième vu par le dos ornent le fond ; à gauche sont des chaudrons, des choux & autres accessoires qui occupent tout ce côté. Celui-ci est d'une composition moins riche que le premier; mais on y trouve le même talent & les mêmes beautés. Hauteur 13 pouces 6 lignes. Largeur 20 pouces. B.

ECOLE FRANÇOISE.

JEAN-BAPTISTE PIERRE SUBLEYRAS.

7 Une Esquisse terminée composée de huit figures, parmi lesquelles on voit six Moines vêtus de blanc prosternés aux pieds de deux Saints qui paroissent être Saint Etienne & Saint François. Tout le monde connoît le mérite & la rareté des productions de Subleyras; il a peint celui-ci dans toute sa force. Hauteur 15 pouces. Larg. 11 pouces. T.

FRONTIER.

8 Quatre Esquisses représentant quatre des Arts libéraux.

L'une, l'Architecture caractérisée par une Femme assise environnée de quatre Génies.

L'autre, la Musique aussi environnée de quatre Génies.

Et les deux autres, la Peinture & la Poésie.

Hauteur 8 pouces. Largeur 13 pouces. B. & T.

BARBAULT.

9 Dix Tableaux de Coſtume italien, vénitien & napolitain, compoſés d'une figure, qui feront diviſés. Hauteur 9 pouces. Largeur 6 pouces. B.

Si le nom de Barbault ne ſe fût trouvé ſur chacun de ces Tableaux, nous n'aurions pas craint de les attribuer à Subleyras.

PARROCEL DES GOBELINS.

10 Deux Eſquiſſes faiſant pendans.

L'une repréſente Latone, l'autre Glaucus & Scylla. Hauteur 8 pouces. Largeur 10 pouces. T.

C. VANLOO.

11 Neptune & Amimone, compoſition de quatre figures, peinte ſur papier & collée ſur toile. Cette Eſquiſſe avancée eſt la premiere penſée d'un Tableau fait pour le Roi par les ordres de M. le Marquis de Marigny. On le voit aux Gobelins.

27 pouces en quarré. T.

PAR LE MÊME.

12 Une Eſquiſſe repréſentant des enfans armés des attributs de Neptune.

Hauteur 27 pouces, Largeur 7 pouces. T.

FRANÇOIS BOUCHER.

13 Deux Eſquiſſes en griſaille, faiſant pendans.

L'une repréſente le Triomphe de Neptune & d'Amphytrite, compoſé d'environ trente figures.

L'autre, une Allégorie ſur un mariage, compoſée d'un très-grand nombre de figures.

Haut. 17 pouces, Larg. 34 pouces. T.

M. PIERRE.

14 Une Marche d'animaux. Sur le devant, on voit une femme montée ſur un âne & ſoutenue par un homme; ils ſont précédés d'un mouton. Les lointains ſont ornés de deux bœufs & d'un homme conduiſant un cheval par la bride. Une compoſition pittoreſque, une touche facile & une couleur brillante, rendent ce Tableau très-agréable.

Haut. 17 pouces, Larg. 14 pouces. T.

PAR LE MÊME.

15 Un Tableau repréſentant une jeune Bergere à demi-penchée, ayant la main droite appuyée ſur un monticule de terre, & regardant à travers le feuillage un jeune homme qui ſe baigne dans le lointain.

Haut. 24 pouces, Larg. 30 pouces. T.

M. Lagrenée l'aîné, 1757.

16 Une Sainte Famille.

Le fond du Tableau offre l'intérieur d'une chambre où l'on remarque une cheminée & différens meubles de ménage ; ſur le devant eſt la Sainte Vierge vêtue d'une draperie jaune & bleue, & appuyée ſur le berceau de l'Enfant Jéſus, à qui elle préſente une pomme ; derriere elle on diſtingue Saint Joſeph qui releve un rideau. Ce Tableau, dont on peut admirer la compoſition, la couleur & l'harmonie, aſſure à l'Ecole Françoiſe les hommages de la poſtérité.

Hauteur 20 pouces, Largeur 13 pouces 6 lignes. B.

M. Hallé.

17 L'Eſquiſſe de ſon morceau de réception repréſentant le défi de Pallas & de Neptune.

Hauteur 14 pouces 6 lignes, Largeur 18 pouces & demi. T.

M. Vien.

18 Une Eſquiſſe repréſentant le Chriſt que des Soldats attachent à une colonne, tandis que d'autres s'apprêtent à le frapper. On y diſtingue neuf figures principales. Le mérite de M. Vien ſe fait remarquer

dans ce morceau, qui est plein d'énergie & de chaleur.

Hauteur 18 pouces, Largeur 13 pouces 6 lignes. T.

M. DOYEN.

19 Une belle Esquisse en grisaille, représentant Saint Louis combattant les Infidèles armés du feu grégeois. Cette Esquisse pleine de feu & d'imagination offre une composition briliante & énergique. Hauteur 34 pouces. Largeur 21 pouces. T.

M. BACHELIER.

20 Deux Tableaux faisant pendans, dont l'un représente un Chat blanc angola, & l'autre un Chien caniche faisant l'exercice.

Hauteur 27 pouces. Largeur 33. T.

PAR LE MÊME.

21 Deux Tableaux faisant pendans, représentant des Fleurs. Hauteur 30 pouces. Largeur 26 pouces. T.

PAR LE MÊME.

22 Quatre Tableaux, Dessus de porte, peints en grisaille, représentant chacun deux Enfans.

JOSEPH VERNET.

23 Deux Tableaux faiſant pendans.

L'un offre la rade d'un Port éclairée par un Soleil couchant ; ſur la gauche ſont les Ruines d'un monument égyptien, au bas deſquelles eſt une fontaine où différens perſonnages viennent puiſer de l'eau ; treize figures principales ornent le devant de ce Tableau. A droite & ſur le ſecond plan eſt une vieille tour près de laquelle on découvre un grand vaiſſeau, différens bâtimens & petites figures ; les lointains ſont terminés par une grande étendue de mer & de hautes montagnes.

L'autre repréſente l'Anſe d'une Rade. Sur le premier plan on voit ſept figures, dont quatre Matelots qui démarrent une chaloupe : à gauche, ſur une monticule plus élevée, ſont trois Pêcheurs. Sept perſonnages diſtribués ſur un plan plus éloigné ornent les bords de la mer. Dans le fond & à droite s'élevent deux grands rochers, ſur l'un deſquels eſt placé un aquéduc : ſur le même plan & à gauche s'offre un grand vaiſſeau qui arrive à toutes voiles ; les lointains ſont ornés d'arbres & de montagnes.

Ces deux Tableaux ſont une preuve des rares talens de M. Vernet, & un ſûr garant du rang que le tems aſſignera aux productions françoiſes ; au reſte nous pouvons assurer que nous ne connoissons rien de plus piquant ni de plus beau que ces deux morceaux.

Hauteur 16 pouces. Largeur 24. T.

PAR LE MÊME.

24 Une Mer agitée sur le bord de laquelle s'éleve un Rocher où s'est brisé un vaisseau : quatre Matelots s'occupent à en sauver les débris. Sur le devant est une femme renversée & les cheveux épars : un homme debout lui parle. Dans le lointain à droite, est un vaisseau battu par la tempête.

Celui-ci est du même temps que les précédens, & d'un effet extraordinaire. On y admire surtout l'intelligence du clair-obscur.

Hauteur 23 pouces, largeur 27 pouces. T.

M. ROBERT.

25 Deux Tableaux faisant pendans.

L'un représente différens morceaux d'architecture parmi lesquels on distingue un escalier où l'on voit une jeune fille & un petit garçon : le bas est orné d'un ruisseau bordé de roseaux.

L'autre offre l'extérieur de la maison d'une Blanchisseuse près de laquelle on remarque une fontaine qui jaillit du socle d'une statue, une jeune fille y puise de l'eau ; à droite, & ſous un angard, ſont quelques tonneaux. Le milieu du Tableau eſt orné d'un eſcalier que monte une autre jeune fille. On trouve dans ces deux jolis Tableaux que nous croyons peints en Italie, une fraicheur & une fineſſe de touche qui embelliſſent ſes meilleures productions. Hauteur 9 pouces. Largeur 12 pouces. B.

JULLIARD.

26 Deux Payſages faiſant pendans.

Dans l'un on remarque l'extérieur d'une Ferme placée ſur le bord d'un chemin ; à droite & dans le coin eſt un ruiſſeau bordé d'arbres que traverſe une jeune fille, & ſur le bord duquel on voit deux autres figures.

Dans l'autre on voit une rivière bordée d'arbres & de maiſons, ſur laquelle eſt une petite chaloupe ornée de deux figures. On en diſtingue quelques autres ſur différens plans. Hauteur 7 pouces 6 lignes. Largeur 11 pouces. T.

HUTIN.

27 Un Payſan aſſis & vu de face près d'une table ſur laquelle ſont poſés un pot, une terrine & une bouteille. Hauteur 31 pouces. Largeur 24 pouces. T.

M. JULIEN, Eleve de M. d'ANDRÉ BARDON.

28 Deux Tableaux faisant pendans.
L'un représente Diane & Endymion.
Et l'autre Vénus qui entraîne Adonis.
Hauteur 27 pouces. Largeur 72 pouc. T.

MÉTHEY.

29 Deux Tableaux faisant pendans.
On voit dans l'un les Ruines du Temple de Castor & Pollux, & sur un plan plus éloigné, l'Arc de Titus.
Dans l'autre, on remarque une architecture composée; l'Arc de Constantin paroît dans le lointain.
Ces deux Tableaux sont largement peints, & tiennent de la manière de Locatelli.
Hauteur 15 pouces. Largeur 24 pouces. Toile.

D'après HYACINTHE RIGAUD.

30 Le Portrait en pied de Louis XIV, petite nature. Hauteur 48 pouces, largeur 36 pouces. T.

D'après TOCQUÉ.

31 Le Portrait de M. le Marquis de Mari-

gny, qu'a gravé M. Wille. Hauteur 48 pouc. Largeur 36 pouc. Toile.

D'après OUDRY.

32 Trois grands Tableaux, repréſentans des animaux, des fleurs & des fruits.

D'après LE MÊME.

33 Quatre Tableaux formant deſſus de porte.

D'après WATTEAU.

34 Quatre autres entourés d'arabeſque, repréſentant des ſujets champêtres.

TEMPESTE.

35 Un Tableau repréſentant deux Payſages en rond; & un eſquiſſe par Hutin, repréſentant une Fuite en Egypte.

TABLEAUX EN PIERRE DE RAPPORT.

36 Deux Tableaux en moſaïque.

L'un repréſente des figues, & l'autre des poires. Hauteur 5 pouces 6 lignes. Largeur 4 pouces. Ovale.

37 Un Tableau de Pierre de Florence, repréſentant un Oiſeau perché ſur une branche d'arbre, à laquelle pendent trois fruits.

TAPISSERIES.

38 Le Portrait de Louis XV, exécuté à la Savonnerie, d'après le Tableau de Michel Vanloo; monté entre deux verres & entouré d'une bordure à deux faces. Haut. 24 pouces, largeur 18.

39 Un petit Chymiste dans son Laboratoire, d'après François Boucher, & exécuté à la savonnerie. Hauteur 24 pouces, largeur 18 pouces. Sous verre.

PASTELS, GOUACHES, AQUARELLES ET DESSINS MONTÉS.

PASTELS.

40 Une Copie d'après M. Duplessis du Portrait de Louis XVI. Hauteur 22 pouces, Larg. 17 pouc. sous verre ovale.

M. LOIR.

41 Deux jolis Bustes de Femme. Hauteur 15 pouces, largeur 12 pouces.

GOUACHES.

LALLEMAND.

42 Une Gouache, repréſentant les murs de la Ville des Empereurs. A droite & dans un plan coupé, l'on voit l'Egliſe de Saint Grégoire. Hauteur 9 pouces 6 lignes. Largeur 30 pouces. Sous verre.

PAR LE MÊME.

43 Deux autres Gouaches faiſant pendants. L'une repréſente les Termes de Dioclétien occupés par des Chartreux ; l'autre, des monumens d'architecture compoſés. Hauteur 9 pouces, largeur 13 pouces. Sous verre.

PAR LE MÊME.

44 Quatre autres Gouaches, dont l'une offre le Mole de Naples & ſon Fanal. La ſeconde repréſente le Château de l'Œuf. La troiſième le Temple du Soleil dans la place de la Bouche de la Vérité. La quatrième une Vue extérieure du Campo Vaccino, d'où l'on voit le Capitole.

Tout le monde connoît le mérite des Gouaches de cet habile Artiſte, & c'eſt dire aſſez ſur celles-ci, que d'annoncer qu'elle qu'elles ont été faites ſous les yeux de M. Vernet, ſon Maître. Hauteur 9 pouces, largeur 13 pouces 6 lignes. Sous verre.

PÉROTTE.

45 Deux Gouaches. L'une repréſente un Singe ſous l'habit de Capucin, prêchant des Dindons, & l'autre repréſente un Singe ſous l'habit de Jéſuite vu dans une barque, prêchant des oies. 10 pouces en rond. Sous verre.

M. DE MACHY. 1764.

46 La Vue d'un ſouterrein orné de colonne & de voutes, & enrichi de douze figures. Hauteur 10 pouces, largeur 9 pouces. Sous verre.

DESSINS.

M. ROBERT.

47 Deux Deſſins aquarelles, dont l'un repréſente l'intérieur d'un Monument ſépulcral; & l'autre le deſſous d'une Colonade. Ces deux Deſſins capitaux ſont de la première beauté. Haut. 20 pouces, larg. 14 pouc. Sous verre.

F. BOUCHER.

48 Deux grands Deſſins à la pierre noire ſur

papier bleu, ornés d'arbres & de rivieres où l'on remarque la plus riche composition. Hauteur 18 pouces. Largeur 23 pouces. Sous verre.

D'André Bardon.

49 Un Dessin allégorique représentant la Philosophie & l'Histoire, composé de douze figures; lavé à la sanguine & au bistre rehaussé de blanc; on voit au haut cette légende : *Quot modis mores arguunt.* Hauteur 17 pouces. Largeur 14. Sous verre.

M. de Wailly en 1756.

50 L'intérieur de la Rotonde éclairée par le feu des Sacrifices; Dessin à la plume, lavé au bistre & à l'encre de la Chine, rehaussé de blanc. Hauteur 24 pouces. Largeur 19 pouces 6 lignes. Sous verre.

Par le même.

51 Un beau Dessin à la plume lavé à l'encre de la Chine, représentant l'intérieur de la nouvelle Eglise de Sainte Géneviève, orné de vingt figures. Les Dessins de M. de Wailly sont très-rares; on y reconnoît le Peintre & l'Architecte. Ceux-ci ont un double mérite qui est d'offrir deux des plus beaux monumens antiques & moder-

nes. Hauteur 22 pouces. Largeur 18. Sous verre.

Feu M. Soufflot.

52 Un Dessin à la plume lavé à l'encre de la Chine, représentant la Vue de la Bourse de Lyon ornée d'une multitude innombrable de figures. L'Estampe en a été gravée par C. Bellicard. Hauteur 10 pouces. Largeur 14 pouces. Sous verre.

Par le même.

53 Un Dessin à la plume lavé à l'encre de la Chine, représentant les ruines de divers Monumens, dont un Arc de triomphe. Hauteur 12 pouces 6 lignes. Largeur 21 pouces. Sous verre.

Par le même.

54 Trois Dessins en rond. L'un représente le Plan de Sainte Geneviève, l'autre l'Elévation & façade de Sainte Geneviève; le troisième, la Vue intérieure de l'Eglise. Hauteur & largeur 4 pouces.

Maître inconnu.

55 Quatre Dessins à la sanguine sur papier blanc, d'après les Tableaux faits pour le Roi, d'après MM. Vien, Pierre, Boucher & C. Vanloo. 15 pouces en quarré. Sous verre.

PAR LE MÊME.

56 Quatre autres, repréſentant des Jeux d'Enfans; ſous verre.

57 Différens Tableaux, Deſſins & Eſtampes montées, que l'on détaillera dans le cours de la vente.

58 Deux Deſſins ſur papier bleu au crayon noir & blanc, repréſentant des Ruines de monumens de Rome. Hauteur 9 pouc. Largeur 14 pouces. Sous verre.

---

59 DESSINS D'ARCHITECTURE, par M. Soufflot & autres, ſavoir, douze cahiers d'étude faits à Rome, pluſieurs Plans & Elévations pour la Place de la Ville de Louis XV à Bordeaux.

60 D'autres Plans, coupes & Elévations des Egliſes d'Italie, de France, & les Projets & Devis pour l'Egliſe Saint Sauveur, par M. Soufflot. Ces objets ſeront détaillés dans le cours de la vente.

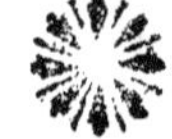

ESTAMPES ENCADRÉES.

BALECHOU.

61 La Tempête & le Calme, d'après M. Vernet, monté ſous verre, avec les raies & l'adreſſe de Buldet. Hauteur 19 pouces, Largeur 21. Sous verre.

PAR LE MÊME.

62 Les Baigneuſes, auſſi avec les raies. Hauteur 18 pouces, Largeur 21 pouces, ſous verre.

63 Le Portrait de M. le Marquis de Marigny, par M. Wille. Hauteur 18 pouces, Largeur 13 pouces, ſous verre.

64 Le Portrait de M. Bertin, d'après M. Roſlin, gravé par R. Gaillard. Hauteur 19 pouces, Largeur 13 pouces, ſous verre.

65 La Place Vendôme & la Place de Lyon, ornées de la Statue équeſtre de Louis XIV. Hauteur 27 pouces, Largeur 14 pouces, ſous verre.

66 Callyrhoé, d'après M. Fragonard. Hauteur 20 pouces, Largeur 16, ſous verre.

67 Une Eſtampe avant la lettre, d'après J. B.

de Troys, repréſentant Créüſe revêtant la robe enflammée que Médée lui envoie. Hauteur 21 pouces, Largeur 24 pouces, ſous verre.

68 Neptune & Amimone, d'après François Boucher. Hauteur 16 pouces, Largeur 18.

69 Trois Eſtampes, dont une d'architecture, ſous verre, & une autre collée ſur toile en carte, repréſentant une Vue de Lyon, & le Deſſus d'une porte.

ESTAMPES EN FEUILLES.

70 Quatorze des Ports de Mer de France, d'après Vernet, gravés par M. le Bas.

71 Trois des premieres Livraiſons du Voyage de la France, par MM. Née & Maſquelier.

72 Deux Livraiſons du Voyage d'Italie, faiſant partie du Royaume de Naples.

73 Différentes Eſtampes d'Architecture, de Plans, &c. qui ſeront diviſées.

74 Vingt Eſtampes d'après les Deſſins de M. Cochin pour l'Hiſtoire de France, gravées par M. Prevôt & autres.

VOLUMES D'ARCHITECTURE, ET AUTRES.

75 Les Œuvres de M. le Prince, gravés à l'eau-forte, & dans la manière du lavis, composées de cent cinquante-quatre Estampes reliées en veau à filets d'or. Un volume.

76 Œuvres d'Architecture de Jean le Pautre. 1751. 3 volumes.

77 Les Ruines de Pestum, 1 volume broché.

78 Le grand Cabinet Romain, ou Recueil d'Antiquités Romaines, avec l'explication de Michel-Ange de la Chaussée. Un vol.

79 L'Architecture Françoise, ou Monumens, Palais, Edifices & Maisons les plus remarquables de France, bâtis par les plus célebres Architectes, Edition de 1727. Un volume.

80 Recueil d'Architecture de Charpente & autre, contenant la construction des Ponts, par Pitrou. Un volume.

81 La Perspective des Peintres & Architectes, par Andre Putei, Jésuite.

82 Les Plans, Profils & Elévations des Ville & Château de Versailles, avec les bosquets & fontaines, tels qu'ils étoient en 1715. Un volume.

83 Les Ruines des plus beaux Monumens de la Grèce, par M. le Roy. 2 volumes brochés.

84 Palazzi di Roma de piu celebri Architetti, disegnati da Pietro Ferrerio Pittore e Architetti. 2 vol. reliés en un.

85 Les plus excellens Bâtimens de la France, par Jacques Androuet du Cerceau, 2 volumes en un.

86 Edifices antiques Romains, par le même. Un vol.

87 Différens Arcs de Rome antique & moderne, un volume.

88 Dessins de toutes les parties de l'Eglise de Saint Pierre de Rome, par J. Tarade, Architecte du Roi, en 1659. Un vol.

89 Exercice de l'Infanterie Françoise, par M. Baudouin, Colonel d'Infanterie. Un volume.

90 Recueil de plusieurs parties d'architecture de différens Maîtres, tant d'Italie que de

France, mis au jour par M. Dumont, Architecte.

91 Les Œuvres de Jean-Ch. La Fosse, Architecte, 1 vol.

92 Dessins des édifices, meubles, habits, machines & ustensiles des Chinois, gravés d'après les Dessins Chinois par M. Chambers, Architecte, 1 vol.

93 Castelli E. Ponti di Maestro Niccola Zabaglia, 1 vol.

94 The Designs of Inigo Jones, consisting of plans and elevations for public and private building, 1 vol.

95 Plans, coupes & élévation de l'Eglise Royale de Frédéric V à Coppenhague, par Henri Jardin, Architecte, 1 vol.

96 Description de l'Ecole de Chirurgie, par M. Gondoin, Architecte, 1 vol.

97 Les Edifices de Stockolm, 1 vol.

98 Différentes Vues de Venise & autres, d'après Canaletti, 1 vol.

99 Les Fêtes données à l'occasion de la naissance de l'Infante de Parme, 1 vol.

100 Antiquités de la France, par M. Clerisseau, Architecte, premiere partie.

101 Œuvres de M. Soufflot, 1 vol.

102 Les Hommes Illustres du siécle de Louis XIV, avec leurs Portraits, recueillis par Perrault, de l'Académie Françoise, 2 vol.

103 Recueil d'Architecture, par le sieur de la Guépiere, 1 vol.

104 Description du nouveau Pont de pierre construit sur la riviere d'Allier à Moulins, par M. de Regemorts, 1 vol.

105 Architecture Italienne, contenant les plans & élévations des plus beaux palais & édifices de la Ville de Gênes, lavés & dessinés par P. P. Rubens, 1 vol.

106 Studio d'Architettura civile, 3 vol.

107 Studio d'Architettura civile, da Dominico de Rossi, 2 vol.

108 Vues extérieures & intérieures des édifices les plus remarquables de Rome, recueillies & mises au jour par J. J. de Rubeis, 1 vol.

109 Plan de la Ville de Saint Pétersbourg, avec ses principales Vues, dessinées & gravées sous la direction de l'Académie des Sciences & Arts de cette Ville, 1 vol.

110 Del Palazzo de' Cesari, ouvrage posthume de Francesco Bianchini Véronèse, 1 vol.

111 Les principales Places, Eglises & Monumens de Rome moderne, 1 vol.

112 Les Fontaines de Rome, 1 vol.

113 Les Edifices antiques de Rome, par Antoine Desgodetz, édition de 1682, 1 vol.

114 Les mêmes, édition de 1779, 1 vol.

115 Salles de quelques Spectacles d'Italie & de France, par M. Dumont, Architecte, 1 vol. relié en veau.

TERRES CUITES, MARBRES, BRONZES, PETITS MODELES EN TALC, ET AUTRES.

TERRES CUITES.

116 Une Figure de Galathée à demi couchée sur un Triton, & pressant une colombe contre son sein. Haut. 18 pouces. Largeur 24 pouces.

MARBRES.

117 Les douze Empereurs Romains, d'après les Bustes antiques, en marbre blanc, de forme ovale, de 6 pouces & demi de haut sur 4 pouces & demi de large, dans leurs bordures de bois doré.

118 Deux Bustes de marbre blanc; d'après l'antique, représentant la Reine Bérénice & la Vestale. Hauteur 18 pouces, sur leur piedouche de marbre gris de 6 pouces de haut.

119 Un Enfant couché & endormi, d'après François Flamand, largeur 10 pouces.

120 Le même Enfant, en biscuit.

121 Deux Vases de granit moderne, d'une jolie forme & d'un poli précieux. Hauteur 12 pouces.

BRONZES.

M. PIGAL.

122 Un Enfant connu sous le nom d'Enfant à la cage, portant 15 pouces de haut.

JEAN DE BOULLOGNE.

123 Une petite Figure de Mercure, portant 14 pouces de haut.

Le fini de ces deux morceaux ſeroit croire qu'ils ont été faits par les Sculpteurs eux-mêmes.

124 Le petit Modèle de Sainte Geneviève, exécuté en talc, ſous une cage de verre, avec les montans en bronze : façade 19 pouces, hauteur 19 pouces, profondeur 25 pouces. Le pied de bois portant 36 pouces.

125 Un petit Modèle en talc du Portail de Sainte Geneviève. Largeur 14 pouces. Hauteur 9 pouces.

Il n'eſt point d'objet de curioſité plus digne d'orner le Cabinet des Amateurs, que ces deux petits Modèles exécutés ſous les yeux de M. Soufflot. Cet Artiſte n'a rien épargné pour que l'exactitude des proportions ajoutât au mérite du fini. L'on ne peut qu'être très-jaloux de poſſéder un chef d'œuvre qui feroit autant d'honneur au gout du poſſeſſeur qu'il en a fait au génie de l'Artiſte.

126 Deux Lions en plâtre bronzé, & un petit Tableau en pierre de Florence.

127 Deux Gaînes de bois peint & doré. Hauteur 72 pouces.

M. COCHOIS, Architecte, & neveu de M. SOUFFLOT.

128 Modèle projetté d'un portail d'Eglise de deux pieds environ de face sur deux pieds environ de hauteur, sous une cage de verre, portant sur un piédestal en forme de bibliothèque.

FIN.

Lu & approuvé ce 13 Octob. 1780. RENOU, pour M. COCHIN.

Vu l'app. permis d'imprimer ce 13 Octob. 1780.
LE NOIR.

De l'Imprimerie de PRAULT, Imprimeur du Roi, Quai de Gêvres.

www.ingramcontent.com/pod-product-compliance
Lightning Source LLC
LaVergne TN
LVHW050218180726
843501LV00013BA/2155

* 9 7 8 2 3 2 9 6 5 7 6 7 7 *